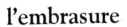

l'embrasure

nathalie stephens

l'embrasure

TROIS

Cet ouvrage est publié dans la collection OPALE.

©Éditions TROIS
2033, avenue Jessop, Laval (Québec), H7S 1X3
Tél.: (450) 663-4028, télec.: (450) 663-1639,
courriel: ed3ama@contact.net

Diffusion pour le Canada:
PROLOGUE
1650, boul. Lionel-Bertrand,
Boisbriand (Québec), J7E 4H4
Tél.: (450) 434-0306,
télec.: (450) 434-2627

Diffusion pour la France et l'Europe:
D.E.Q.
30, rue Gay Lussac,
75005 Paris France
Tél.: 43 54 49 02,
télec.: 43 54 39 15

Cet ouvrage a été publié grâce à une subvention du Conseil des Arts du Canada et de la Société de développement des entreprises culturelles au Québec.
L'auteure est reconnaissante au Conseil des Arts de l'Ontario de son appui financier.

Données de catalogage avant publication (Canada)
stephens, nathalie, 1970 -
  l'embrasure

  (Opale)
Poèmes.

  ISBN 2-89516-033-3

1. Titre.   II. Collection: Opale (Laval, Québec).

PS8587.T375E42 2002   C841'.54   C2002-940115-1
PS9587.T375E42 2002
PQ3919.2.S73E42 2002

Dépôt légal: Bibliothèque nationale du Québec
              Bibliothèque nationale du Canada
              1er trimestre 2002

En page couverture: *Apatride*, Benny Nemerofsky Ramsay, 2001

mais on en sort par la bouche en l'ouvrant
Nicole Brossard
La partie pour le tout

L'obscénité: votre nom dans la bouche
de qui n'est pas autorisé à le prononcer.
Mara
Journal ordinaire

...une femme contre une autre, hors contexte,
embrasées, hors texte, le geste, homophone, *exit*.

UNDERGROUND

In.fraction

«À L., j'ai dormi nue contre une femme.»

Le nom de la femme, elle le garde pour elle.
Ce qui lui reste du pays.
Un corps de femme, la nuit.

«Tout le reste est une blessure qui s'étend loin, une plaie
sur laquelle s'ouvre» sa vie entière.

Elle était partie à la recherche du pays que portait la mama
sur le bout de la langue.

Un goût de café noir, sucré.
Le sel de mer sur une peau brune.
Un livre ouvert à la première page.

Séducteur, grisant, le mot départ, dont elle s'est enveloppée.
Suffocant. Départ, qu'elle a pris dans les mains, dans la
bouche. Elle s'est arrachée au sol et est partie, laissant
derrière elle la mama larmoyante. La femme est venue plus
tard, vers la fin, il était trop tard, le pays l'avait déjà
dévorée.

Elle avait dormi nue contre une femme.
Dans le pays convoité une femme est venue vers elle.
Déshabille-toi.

Elles avaient dormi nues, l'une contre l'autre, deux femmes,
la nuit.

Elle ne raconte pas le matin. Que la nuit. La nuit du sommeil
partagé de deux femmes, elle contre une autre, nues.
Là devant nous, devant le feu de bois mourant, le mur
moite, et le courant d'air qui entre par la fenêtre fêlée du
salon. Un hiver de feu et de vin, frémissant.

Le livre, parle-nous du livre. Mais elle en est toujours au
corps de la femme qu'elle n'a guère osé regarder, et au nom
qu'elle a avalé entier, qu'elle a intégré au corps.

Quand elle s'allonge enfin, quand le vin lui vide la tête, et
que nous l'avons recouverte d'une couverture de laine
bleue, quand les premières lueurs d'une journée blême
envahissent le salon et que le feu perd sa flamme, nous la
captons, l'autre femme, dans ses frémissements de femme
dormante. Elle dort. Elle est encore loin.

A.linéa

Le récit est traître.
Le récit est traître.
Le récit est traître.
Le récit est traître.
Le récit est traître.
Le récit est traître.
Le récit est traître.
Le récit est traître.
Le récit est traître.
Le récit est traître.
Le récit est traître.
Le récit est traître.
Le récit est traître.
Le récit est traître.
Le récit est traître.
Le récit est traître.[1]

---

1 C'est de cette façon qu'elle l'explique. C'est-à-dire son silence. Un jour
en rentrant elle a refusé la parole. Nous en étions hébétées. Elle qui parlait
autant.

B.is

Elle avait conclu qu'en se trempant *wet* dans le discours de sa vie, elle s'effritait *telle me your story*. C'est-à-dire que le mot dans la bouche[2] lui enlevait une part d'elle. Et cela s'inscrivait sur son corps.[3]

Il faut dire que nous-mêmes avions remarqué qu'elle était, oui, il fallait se l'avouer, devenue vague, c'est bien le mot. Elle, dont la silhouette tranchait l'air – c'était une femme aux contours bien définis – autour de laquelle les autres pâlissaient, perdaient pied, même les plus sûres d'entre nous étaient déboussolées, et au lieu de marcher, l'on se mettait, *yes*, à genoux, à tâter les murs, *oh*, on chuchotait plutôt que de parler à voix haute, *yes*, et sur nous toutes, elle régnait, de sa voix chaude, liquide, et de son corps certain, *oh*. C'est qu'une fois racontée, l'histoire devenait moins vraie, elle perdait facilement le nord. Et entraînait avec elle celle qui la narrait. Ce qu'elle avait pu observer. Ce qu'elle ne supportait pas.

---

2 Sensorielle, *tonguing text*.
3 Le corps rivé à l'inscription, genre, indélébile, *female*.

C.édille

Elle en avait conclu qu'il fallait à tout prix cesser de se troquer contre la langue. Une part d'elle contre la possibilité de se dire, mais se dire à côté d'elle-même, de l'espace qu'occupait son corps et les gestes excités qui accompagnaient les mots qu'elle perdait.[4]

Les mots la trompaient.[5] C'est comme ça qu'elle le voyait. Il y avait elle, quelque part ici. Et les mots, quelque part là-bas. Et plus elle essayait de se rapprocher des mots ou de les rapprocher d'elle, plus ils lui échappaient, et elle en devenait folle *crazy shattered cracked she is liable to fall to pieces hitting the floor ouch with a very loud sound* car c'était une femme au corps certain, à la silhouette tranchante, et dans la parole, il n'y avait aucune certitude, les mot

---

4 Elle en perdait tout le temps, et elle trouvait cela frustrant.
5 Elle en perdait tout le temps, et elle trouvait cela frustrant.

s fuyaient.[6]

---

6 Elle en perdait tout le temps, et elle trouvait cela frustrant.

D.ada

Elle avait consulté de nombreux dictionnaires.
Elle en avait d'ailleurs rempli toute une étagère, du
plafond au sol, et cela, dans plusieurs langues.

Plus elle tissait les mots *to wetting word*, plus elle
se rapprochait de leur sens, qu'elle dessinait le lien entre
les mots de différentes langues, qu'elle livrait sa bouche
aux contorsions qu'exigeait chaque nouvelle langue qu'elle
s'engageait à apprendre, moins elle était sûre de l'espace
qu'occupait son corps, et c'est de cette façon qu'elle est
arrivée à s'effriter.[7]

---

7 *In touching the tongue to the palette she finds nothing there.*

E.rrata

Elle ne se connaissait plus. Elle ne ressemblait plus aux
mots dont elle s'était pendant si longtemps entourée. Elle
disparaissait.

revenait pas.
est-elle
mais son
particu
ses traits,
l'agré
coins de
yeux, on
plus mais on
à leur place,
visage entier, ne

Nous, on n'en
Non seulement
devenue vague,
visage en
lier, a perdu
les plis qui
mentaient, aux
la bouche, des
ne la voyait
les imaginait, car
à la place de son
se trouvait plus qu'un

nuage gris, de la brume au lieu d'un nez, d'une bouche,
d'un menton. Entre la chevelure et la clavicule, un nuage
gris, à la place du visage de la femme au corps certain. Elle
avait donc cessé de parler.

F.uniculaire

1. Elle ne voulait pas perdre le pays qu'elle portait en elle.
2. Elle ne voulait pas perdre le pays qu'elle portait en elle.
3. Elle ne voulait pas perdre le pays qu'elle portait en elle.
4. Elle ne voulait pas perdre le pays qu'elle portait en elle.
5. Elle ne voulait pas perdre le pays qu'elle portait en elle.
6. Elle ne voulait pas perdre le pays qu'elle portait en elle.
7. Elle ne voulait pas perdre le pays qu'elle portait en elle.
8. Elle ne voulait pas perdre le pays qu'elle portait en elle.
9. Elle ne voulait pas perdre le pays qu'elle portait en elle.
10. Elle ne voulait pas perdre le pays qu'elle portait en elle.
11. Elle ne voulait pas perdre le pays qu'elle portait en elle.
12. Elle ne voulait pas perdre le pays qu'elle portait en elle.
13. Elle ne voulait pas perdre le pays qu'elle portait en elle.
14. Elle ne voulait pas perdre le pays qu'elle portait en elle.
15. Elle ne voulait pas perdre le pays qu'elle portait en elle.
16. Elle ne voulait pas perdre le pays qu'elle portait en elle.
17. Elle ne voulait pas perdre le pays qu'elle portait en elle.
18. Elle ne voulait pas perdre le pays qu'elle portait en elle.[8]

---

8 Lodged like a wishbone in the throat creating a waterfall, a dam.

Un cadeau de sa mère. Ou plutôt un héritage. Ce pays était un héritage. Elle l'avait eu à la naissance *to the beginning again*. Un peu comme sa peau. Elle ne s'en différenciait pas. Elle ne faisait pas de distinction entre la personne qu'elle était, et le pays qui l'habitait.

Elle était devenue lieu. Et le lieu personnage. Nous non plus, on ne faisait pas la différence. Elle et le pays, c'était la même chose. On ne la remettait pas en question. On acceptait.

H.(e)urt

Une difficulté s'est présentée cependant, car l'existence du pays, c'est-à-dire sa présence, oui, la présence du pays dépendait de la langue qui lui était rattachée. L'une ou l'un sans l'autre périssait.

En refusant la parole, elle risquait de perdre le pays qui l'habitait.

Si elle continuait de parler, de s'exprimer à travers la parole, avec les mots de la bouche elle risquait la disparition de ce qui la rendait unique, les lignes du corps, les traits du visage,[9]

---

9 la voix.

I.(mp)licite

«Une ville envoûte. Un pays dérobe.»

(Elle en arrivait souvent là. Au bout de plusieurs verres de vin, *again*, l'hiver surtout, nous toutes blotties près de la cheminée, *aflame*, elle laissait glisser *sensual* ces quelques mots dans l'air sec, et ils prenaient place parmi le sifflement du bois, le crépitement du feu, notre respiration qui se faisait épaisse *moaning* et lente.[10]

---

10 C'était dû à la *touch* fatigue, la pénurie *me* d'oxygène, le froid.

J.e vous embrase

On appréhendait ses mots.

Et on les guettait.

Elle s'asseyait le dos contre le mur, le v
erre posé sur les genoux, les yeux collés au plafond.

Et elle nous disait cela.

Qu'une ville envoûte.

Qu'un pays dérobe.

K.rasa[11]

Qu'un pays envoûte.
Qu'une ville dérobe.

(Sa mère avait accouché entre deux amants et deux
continents.[12]

---

11 *Sw.*, *crunch*, *to*, étymologique, *crazy*.
12 Citadelle, elle, elle, elle.

Elle se dit **apatride**. «Nous sommes toutes

apatrides», nous dit-elle.[13] Le verre posé à terre,
elle essuie la larme qui brille au coin de l'œil, que nous
sommes censées ne pas voir *because she is invisible,
because light passes through her*. C'est ainsi qu'elle se
raconte, par bribes, la nuit, devant un feu de bois mourant.
Apatride, car elle n'a aucun pays. **Apatride**,
car elle appartient au monde. **Apatride**, car elle n'a
aucun port d'attache. **Apatride**, oui, car les mots de
la bouche la dé[14]

                           calent du pays qu'elle habite.

---

13 C'est pour se consoler. Pour se sentir moins seule.
14 robent.

Apatride, donc, elle boit du vin.

Et nous, on se saoule, à l'écouter. On imbibe sa parole *dipping our tongues into the words of her mouth.*

ai.N.e

On la vole, à petit feu.
On prend le peu qu'elle nous donne.
Et on attend assoif

                                                fées,

qu'elle nous en redonne, encore et en

                                               corps[15]

(C'est comme ça qu'elle se cherche, dans les mots de la
bouche qu'elle laisse glisser *liquid* sur le sol devant nous.
Nous, on serait cons de ne pas les *hot* saisir. On les saisit
donc. On les prend, avant même qu'ils prennent forme. On
s'en enveloppe, de ses mots, justement parce qu'ils sont
uniques au monde. Et son pays avec -

---

15 *Anchoring body to text, insatiate, stuttering, m-more, m-more.*

O.rificielle

Des villes, elle en avait connu de nombreuses. Elle en parlait longuement, comme d'une ancienne amante.

Elle se les remémore, une à la fois,[16] jusqu'à en évoquer le parfum, la texture, le son. Chaque ville a une voix distincte. Elle dépend de la composition de l'espace ur bain.

Urbain.

C'est un mot qu'elle mastique longtemps avant de le présenter à nous. Celui-là, elle ne le donne jamais. Elle l'a accaparé.

Urbain.

---

16 *over and over again*

P.artition

Urbaine.

Un mot qui brille et qui mord. Là devant nous, mais nous ne l'atteignons jamais à temps,[17]

Urbaine.

À peine nous rapprochons-nous de lui, qu'elle l'a déjà repris *tongue teasing tongue*   reprise.

Urbaine.[18]

17 attends-moi, *the sound of her voice* é-choppé.
18 Nous en frémissons. Nous en mouillons. Nous en gémissons.

Q.

Nous en frémissons. Nous en mouillons. Nous en gémissons.

Nous en frémissons. Nous en mouillons. Nous en gémissons.

Nous en frémissons. Nous en mouillons. Nous en gémissons.

Nous en frémissons. Nous en mouillons. Nous en gémissons.

Nous en frémissons. Nous en mouillons. Nous en gémissons.

Nous en frémissons. Nous en mouillons. Nous en gémissons.

Nous en frémissons. Nous en mouillons. Nous en gémissons.

Nous en frémissons. Nous en mouillons. Nous en gémissons.

Nous en frémissons. Nous en mouillons. Nous en gémissons.

Nous en frémissons. Nous en mouillons. Nous en gémissons.

Nous en frémissons. Nous en mouillons. Nous en gémissons.

Nous en frémissons. Nous en mouillons. Nous en gémissons.

Nous en frémissons. Nous en mouillons. Nous en gémissons.

Nous en frémissons. Nous en mouillons. Nous en gémissons.

R.upture

Urbaine.

Le mot devant nous, hors de portée, au bout des doigts, de ses doigts à elle. Ses doigts que l'on prend dans la bouche, chacune d'entre nous, cambrées, frémissantes, au bout de ses doigts, *shivering*, elle aussi, urbaines devant un feu de bois, l'hiver, nous gémissons. Elle nous prend.[19] Nous la suivons. Entre *buildings*, passerelles, grandes avenues, métros, rivières, monts et cafés, nous apprenons l'architecture de

---

19 *Take me. Take me with you. To the shivering city. I, too, want to weep, to tremble, to read.*

chaque ville, ses librairies et chemins de fer, le jour comme la nuit. De sa bouche urbaine à nos oreilles urbaines, nous voyageons.[20]

---

20 Urbaine.

Le mot devant nous, hors de portée, au bout des doigts, de ses doigts à elle. Ses doigts que l'on prend dans la bouche, chacune d'entre nous, cambrées, frémissantes, au bout de ses doigts, *shivering*, elle aussi, urbaines devant un feu de bois, l'hiver, nous gémissons. Elle nous prend.[20] Nous la suivons. Entre *buildings*, passerelles, grandes avenues, métros, rivières, monts et cafés, nous apprenons l'architecture de chaque ville, ses librairies et chemins de fer, le jour comme la nuit. De sa bouche urbaine à nos oreilles urbaines, nous voyageons.

S.yntaxe

«Une ville, c'est un morceau de jazz expérimental,[21].
C'est le *Bar Kokhba* de John Zorn, étincelant, aux accents
new yorkais, musique en évolution, arc-boutée, au visage
calomnié, séducteur, charnel, clandestin, imprévu.
   «C'est l'Andalousie à découvert, descendant le
highway à toute vitesse, l'ululement des casbahs, de la
chaux éclaboussée.»

Et elle au milieu de tout ça, bien entendu.

C'est comme ça que nous, on la voyait. Son corps fin dressé
contre la *skyline* d'une ville, n'importe laquelle, les pieds
trempés dans l'eau de la mer.

---

21 elle aimait à dire,

T.ranscription[22]

(Elle en suffoquait, de toutes les trajectoires que revêtait son corps. Elle ne le disait pas, mais nous le devinions. Elle était...

---

22 Tout ça, elle l'évoquait de son salon, le dos au mur, et nous toutes autour.

U.sée

écartelée,

oui, c'est le mot juste.

V.iens

Écarte/lée/Pluri/elle/Écar/te/lée/P
l/u/riel/le/É/car/te/lé/e/Pl/u/ri/e/l
l/e/Éc/art/elé/e/P/lur/ie/lle/Écarte
/lée/Pluri/elle/Écar/te/lée/Pl/u/rie
l/le/É/car/te/lé/e/Pl/u/ri/e/ll/e/Éc/
art/elé/e/P/lur/ie/lle/Écarte/lée/Pl
uri/elle/Écar/te/lée/Pl/u/riel/le/É/
car/te/lé/e/Pl/u/ri/e/ll/e/Éc/art/el
é/e/P/lur/ie/lle/Écart

W.ish

elle.[23]

---

23 Dans son salon, elle réussissait à ramener le monde entier. Elle soupirait, et on entendait la mer s'abattre sur une ancienne forteresse. Son pouvoir à elle, c'était ça.

X.ode

On mendiait ses histoires.[24]

On s'en gavait.[25]

On les ravageait.[26]

---

24 On s'en gavait.
25 On les ravageait.
26 On mendiait ses histoires.

Y.od

La
violence
que
couvait
son
corps
,
c'était
la
part
d'elle
qu'elle
révélait
.
Et
nous
comme
des
chiennes
à
la
déguster
.
Le
goût
du
sang
,
à
travers
elle
,
on
l'a
connu
.

Z.azie[27]

---

27 Elle a sorti un atlas. Nous a montré le vieux pays.
Nous en étions tout de suite séduites.

40

Ana.chronique

<u>Du vieux pays</u>

La mère l'avait fui, mais ne l'avait point lâché. Elle avait accouché les poings serrés. Elle avait accouché en courant, les poings serrés. Et c'est ainsi qu'elle est née. Les poings fermés sur un vieux pays qui était entré en elle par la voix de la mama. La mama aux yeux tournés vers un lieu autre.

elle aussi courait elle aussi courait elle aussi courait elle
aussi courait elle aussi courait elle aussi courait elle aussi
courait elle aussi courait elle aussi courait elle aussi courait
elle aussi courait elle aussi courait elle aussi courait elle
aussi courait elle aussi courait elle aussi courait elle aussi
courait elle aussi courait elle aussi courait elle aussi courait
elle aussi courait elle aussi courait elle aussi courait elle
aussi courait elle aussi courait elle aussi courait elle aussi
courait elle aussi courait elle aussi courait elle aussi courait
elle aussi courait elle aussi courait elle aussi courait elle
aussi courait elle aussi courait elle aussi courait elle aussi
courait elle aussi courait elle aussi courait elle aussi courait
elle aussi courait elle aussi courait elle aussi courait elle
aussi courait elle aussi courait elle aussi courait elle aussi
courait elle aussi courait elle aussi courait elle aussi courait
elle aussi courait elle aussi courait elle aussi courait elle
aussi courait elle aussi courait elle aussi courait elle aussi
courait elle aussi courait elle aussi courait elle aussi courait
elle aussi courait elle aussi courait elle aussi courait elle
aussi courait elle aussi courait elle aussi courait elle aussi
courait elle aussi courait elle aussi courait elle aussi courait
elle aussi courait elle aussi courait elle aussi courait elle
aussi courait elle aussi courait elle aussi courait elle aussi
courait elle aussi courait elle aussi courait elle aussi courait
elle aussi courait elle aussi courait elle aussi courait elle
aussi courait elle aussi courait elle aussi courait elle aussi
courait elle aussi courait elle aussi courait elle aussi cou[28]

---

28 rait elle aussi courait elle aussi courait elle aussi courait elle
aussi courait elle aussi courait elle aussi courait elle aussi courait
elle aussi courait elle aussi courait elle aussi courait elle aussi

courait elle aussi courait elle aussi courait elle aussi courait
elle aussi courait elle aussi courait elle aussi courait elle
aussi courait elle aussi courait elle aussi courait elle aussi
courait elle aussi courait elle aussi courait elle aussi courait
elle aussi courait elle aussi courait elle aussi courait elle
aussi courait elle aussi courait elle aussi courait elle aussi
courait elle aussi courait elle aussi courait elle aussi courait
elle aussi courait elle aussi courait elle aussi courait elle
aussi courait elle aussi courait elle aussi courait elle aussi
courait elle aussi courait elle aussi courait elle aussi courait
elle aussi courait elle aussi courait elle aussi courait elle
aussi courait elle aussi courait elle aussi courait elle aussi
courait elle aussi courait elle aussi courait elle aussi courait
elle aussi courait elle aussi courait elle aussi courait elle
aussi courait elle aussi courait elle aussi courait elle aussi
courait elle aussi courait elle aussi courait elle aussi courait
elle aussi courait elle aussi courait elle aussi courait elle
aussi courait elle aussi courait elle aussi courait elle aussi
courait elle aussi courait elle aussi courait elle aussi courait
elle aussi courait elle aussi courait elle aussi courait elle
aussi courait elle aussi courait elle aussi courait elle aussi
courait elle aussi courait elle aussi courait elle aussi courait
elle aussi courait elle aussi courait elle aussi courait elle
aussi courait elle aussi courait elle aussi courait elle aussi
courait elle aussi courait elle aussi courait elle aussi courait
elle aussi courait elle aussi courait elle aussi courait elle
aussi courait elle aussi courait elle aussi courait elle aussi
courait elle aussi courait elle aussi courait elle aussi courait
elle aussi courait elle aussi courait elle aussi courait elle
aussi courait elle aussi courait elle aussi courait elle aussi
courait elle aussi courait elle aussi courait elle aussi courait
elle aussi courait elle aussi courait elle aussi courait elle
aussi courait elle aussi courait elle aussi courait elle aussi
courait elle aussi courait elle aussi courait elle aussi courait
elle aussi courait elle aussi courait elle aussi courait elle
aussi courait elle aussi courait elle aussi courait elle aussi

Chez elle, c'était les mots qui la menaient, plus que les mots, c'était les accents du pays de la mama. Ce qu'elle portait en elle.[29] Ils la menaient par le bout du nez. Et elle les pourchassait, ces mots évadés. Elle vivait à l'affût de la vie. Et c'est

                    (ce que nous avions pu conclure

ainsi qu'elle est arrivée à la conclusion qu'elle parlait à la vie. Et c'est ainsi qu'elle est arrivée à la conclusion qu'elle parlait à côté d'elle même. Que les mots existaient la conclusion qu'elle parlait à côté d'elle-même. Que les mots existaient à côté The d'elle, qu'ils la décalaient de la vie qu'elle racontait, la sienne, echo que l'accent is its own lui faisait faux bond, et au bout de tout ce temps passé à le quêter, elle a baissé voice les bras, elle a hurlé, toute la rage en elle, elle l'a déversée dans ce cri fracassant. Et elle a cessé d'un coup de se (stifled) troquer contre le langage. C'était de l'arnaque. Elle n'en voulait plus.

                    (ce que nous avions pu conclure

---

29 *A strange accent.*

~~Le point d'origine.~~

~~La source.~~

~~L'enracinement.~~

«Je suis née bâtarde», disait-elle. Mais c'était plus que ça.
Du géniteur absent, elle se foutait. «Si je l'avais
connu, je lui aurais crevé les yeux.» Nous avions ri, elle
comprise. Car elle a le corps menu. Mais on la croyait. Il
n'y avait aucun doute. Elle lui aurait crevé les deux yeux.

La bâtardise c'est le corps décalé

To be a bastard is to live in a body that is

de son univers, c'est naître la

dislocated from its universe, is to be born with a

langue fourchue, c'est rêver le

forked tongue, is to dream of an open sky and to

ciel ouvert et se réveiller le cœur

awaken with an armoured heart, is to speak

blindé, c'est parler plusieurs

several languages and to belong to none of them,

langues et n'appartenir à aucune

is to experience perpetual jet lag of the mind.

d'entre elles, c'est le jet lag

is to experience perpetual jet lag of the mind.

perpétuel de l'esprit.

Elle est née au carrefour : du paradoxe.[30]

---

30 «Ni l'une, ni l'autre,» disait-elle «et toutes à la fois.»

Du genre

Les poings serrés, la tête tournée, la rancune sur le bout de la langue, c'est ainsi qu'elle a vu le jour. À

                                                    contre

temps.

La mama l'avait enveloppée dans un châle bleu, et l'avait embarquée d'une ville à une autre. L'acte de naissance dans la poche arrière de son jean perdait de jour en jour de son sens. Les gens s'arrêtaient pour dire *what a lovely boy*. Oui, disait la mama, *my beautiful boy*, et elle reprenait la route, les yeux derrière la tête, les poings serrant le vent.

Du pays désincarné, il ne reste que la voix, la tonalité, l'accent.

Pendant longtemps, elle a compté sur l'amnésie du corps. Elle aimait à dire qu'elle était apparentée au vent. Là où il soufflait, elle trouvait du plaisir, si plaisir il y avait à trouver *my beautiful boy*.

C'est ainsi que nous l'avions repérée, au beau milieu d'un poème. Son injure préférée c'était le poème, le cri le plus fort, disait-elle, pour qui veut l'entendre.[31]

---

31 Elle était debout au fond d'une salle sombre et enfumée. Le micro projetait sa voix au-delà du bar. C'est comme ça qu'on l'a reçue, dans la rue, en passant. Nous avions mis peu de temps à reconnaître l'accent de son corps, avant même de la voir, la façon dont elle dégustait les mots, les transperçait d'un coup sec de la langue, les croquait carrément. Un accent à entraîner le corps vers sa défaite. Nous y étions toutes allées comme à la mort, bouche bée,

inassouvies. Plus elle nous *watch* donnait d'elle, plus on lui réclamait. À l'époque elle n'existait *her* qu'à travers les mots. L'arrangement *disappear* nous convenait à nous toutes. Si bien que le jour où elle a refusé la parole, on en a perdu le souffle.

«Le, corps, remémoré, est, d'une, fragilité,»[32]

---

32 Elle disait cela les poings serrés.

, elle avait pourchassé le pays à en perd

De la sexualité

re le corps. M'en débarrasser. Qu'il me fiche la paix. C'étai t ça l'idée. Le pays, la voix, c'est tout ce qu'elle avait voul

u. Le reste était superflu, de trop. Elle a survolé l'océan. El le a dormi dans des stations de métro. Elle a souvent chang

é de train. Sa vie était devenue une accumulation de desti

nations. Un aller-retour incontournable. Sa vie était deve

nue mouvement. Elle a cessé de manger. Les mots ont p

erdu leur sens. Les poèmes lui ont quitté le corps. Au pa

ys du corps, le corps s'était dispersé. Il a fallu un jour qu 'elle rentre se raccommoder. Ce qu'elle a fait un v

erre à la main, le dos au mur, près d'un feu de bois

mourant. Elle a mis près de dix ans à se déverser. No

us, notre rôle, c'était de la porter, ce que nous avo

ns fait. Est arrivé le jour où le pays devait la quitter

, ce qu'elle refusait. Elle n'en était pas là. Le pays de l

a mama parti, elle comblerait le vide avec quoi? Le cor

ps perdu voilà quoi. Ça elle n'aurait pas supporté. Elle s'

est mise à s'effriter. Elle a cessé de parler.

De la faim

le truc cest de ne pas savoir ou tu va son adage a elle
limprevu la spontaneite la vie comme une serie de pulsions
elle navait pas peur de changer de chemin en cours de
route mais le pays retournait toujours lui couper le souffle
et il a bien fallu un jour quelle interroge le pays qui
lhabitait en lui sa destinee elle portait sa destinee dans le
ventre elle qui se disait agente libre vagabonde errante
sest rendu compte un jour que tout ce contre quoi elle
setait debattue tout ce vers quoi elle setait dirigee avait
ete determine davance le desir quelle avait detre ailleurs
le pays qui etait devenu sien la langue quelle affectionnait
tant tous avaient ete plantes en elle des la naissance ah ca
jamais je ne laurais cru les flammes se tapissaient dans la
cheminee les premieres lueurs du jour transparaissaient la
fatigue le desespoir nous donnaient toutes froid elle a
baisse les bras nous en etions stupefaites a nous
maintenant de la porter la voie libre avait ete entravee le
crepuscule netait quun jeu de lumieres le reve une
echappatoire tout ce sur quoi elle avait mise une sacree
boutade un joke le reve eclate que pouvait il bien rester
d'elle

In the beginning, il y avait eu la voix de la mama.

L'architecture de son enfance, ç'avait été ça, les mots de la bouche de la mama, les angles du corps, la tristesse, la fureur, les regrets. Au-delà de la mama, le pays de la mama. Tout en la quittant, elle la rejoignait. À quoi aurait-elle reconnu son propre chemin? Son chemin enchevêtré dans celui de la mama. La vie de la mama sur la route de la fille.[33]

33 quepouvaitilbienresterdelle

Du désir

Elle vivait en exil.e

Les mots lui venaient d'un pays autre.

Vivre en exil.e dans le pays où l'on est née.

(Il faut le faire.[34]

We Nous nous approchions d'elle moved toward her pour la soul to ease ager her pain. Encore un Another dr verre ink. A glass of Un vin rouge pour red wine drainer le corps to drain the body of du regret, de la soif, du regret, of thirst, désir. of On enveloppait desire. son corps des nôtres pour la We wrapped our bodies around her réchauffer, lui redonner to warm her, to give her life again. vie. Nous collions nos We pressed

---

34 Rires.

lèvres our lips to hers, whispering aux siennes, et lui soufflions les mots de nos the words of our bodies, corps, les rythmes du pays qu'elle ha the rhythms of the country she inhabitait, de la ville qui la convoitait aujourd' of the city that called to her hui. today. Nous étions le tremblement du We were the grumbling subway, the buzzing cafes, métro, le bourdonnement des cafés, le béton the concrete, the din of the gutters, armé, le fracas des caniveaux, les bars enfumés, le pavé encombré, les aveuglants néons, tous les coins the smoky bars, the busy sidewalks, the blinding neon lights, de rue, les billards, les tram every street corner, the billiard halls, ways, le bord the streetcars, the lakeshore. du lac. On lui injectait notre urbanité We

75

injected her with great doses of our urbanity en grande dose. Ce qu'elle nous What she gave us, donnait, we returned to her. on le lui rendait. Pour que le nouveau pays prenne la place du vieux pays. Pour qu'elle So that the new country reste là would take the place of the old. parmi nous, à nous So that she would stay here transmettre les mots among us du corps giving us the words of her body. Elle était ébloui She was dazzlin ssante et ble g and wounded. ssée. L'âme tailladée, les mains Her soul gashed, her hands en sa blood ng. y. All that was left for her to give were Il ne lui restait que les mots de the words in her mouth. The rest la bouche. had been dispersé dans un lieu dit the old country, Crachats, étouffements. Elle en avait cultivé la haine virulente toward which she had developed feelings of violent hatred. It chewed at her Il lui bouffait les entrailles, but she would not let Les mots étaient devenus une vomissure irrépressible. Nous ne cessions go. de nous en gaver ne cessions de nous en gaver en gaver en gaver en gaver en gaver en gaver en gav[35]

---

35 Elle avait cru *that in telling her story, she would be able to free herself* des histoires qui l'encombraient. Elle y avait cru comme certains croient en dieu. Elle n'y avait point réfléchi. *Without thinking.* Elle y avait cru tout bêtement, les yeux fermés sur tout ce qui l'entourait, toutes les indications du contraire. Mais,

Et de nos mains nous lui avions recouvert le corps qui était devenu si froid au bout de tant d'années d'exil.

Du mot à mot[36]

plus elle se disait, plus elle déversait les mots de la bouche, se construisait une vie à côté de celle qu'elle vivait, plus son histoire prenait forme à côté d'elle, plus elle se rendait compte que le récit, avec le pays, étaient accrochés à ses intestins. Sa vie en dépendait. Sans le récit de sa vie, elle rimerait à quoi? Le récit, c'était le serpent qui bouffait sa queue. Elle ne pouvait envisager un récit hors de celui qu'elle transmettait. C'est ainsi qu'elle est arrivée à la conclusion qu'il était traître, forcément. Il a fallu qu'elle ne dise plus rien, qu'elle s'enferme dans un silence infranchissable.

Elle était entrée dans le corps, car c'était par le corps qu'elle s'exprimait. Elle était entrée dans le corps, car là gisait le pays qui la grisait, les mots qui la suffoquaient.

Elle en a perdu le visage. Et nous toutes autour à la regarder. Il fallait un jour qu'elle refasse surface. Nous maintenions le feu, nous remplissions son verre. Nous disions qu'elle était dans le coma, que le pays l'avait gagnée au bout de toutes ces années d'exil, mais qu'elle en sortirait vainqueure. L'espoir auquel nous nous accrochions. Nous veillions auprès d'elle sans mot dire.

---

36 *In touching the tongue to the palette she finds nothing there.*

Pou
r cel
le do
nt j'
ai a
valé
le n
om
. (

Catalogue des Éditions TROIS

Alonzo, Anne-Marie
  La vitesse du regard – Autour de quatre tableaux de Louise Robert, essai-fiction, 1990.
  Galia qu'elle nommait amour, conte, 1992.
  Geste, fiction, postface de Denise Desautels, 1997, réédition.
  Veille, fiction, postface de Hugues Corriveau, 2000, réédition.
  ...et la nuit, poésie, 2001.

Alonzo, Anne-Marie et Denise Desautels
  Lettres à Cassandre, postface de Louise Dupré, 1994.

Alonzo, Anne-Marie et Alain Laframboise
  French Conversation, poésie, collages, 1986.

Alonzo, Anne-Marie, Denise Desautels et Raymonde April
  Nous en reparlerons sans doute, poésie, photographies, 1986.

Amyot, Geneviève
  Corneille et Compagnie, 1: La grosse famille, roman jeunesse, 2001.
  Corneille et Compagnie, 2: Chiots recherchés, roman jeunesse, 2002.

Anne Claire
  Le pied de Sappho, conte érotique, 1996.
  Tchador, roman, postface de Marie-Claire Blais, 1998.
  Les nuits de la Joconde, roman, 1999.

Antoun, Bernard
  Fragments arbitraires, poésie, 1989.

Auger, Louise
  Ev Anckert, roman, 1994.

Bernard, Denis et André Gunthert
  L'instant rêvé. Albert Londe, préface de Louis Marin, essai, 1993.

Blais, Jeanne D'Arc
  Clément et Olivine, nouvelles, 1999.

Boisvert, Marthe
  Jérémie La Lune, roman, 1995.

Bonin, Linda
   Mezza-Voce, poésie, 1996.
   La craie dans l'œil, poésie et dessin, 2000.

Bosco, Monique
   Babel-Opéra, poème, 1989.
   Miserere, poèmes, 1991.
   Éphémérides, poèmes, 1993.
   Lamento, poèmes, 1997.

Bouchard, Lise
   Le Tarot, cartes de la route initiatique — Une géographie du «Connais-toi toi-même», essai, 1994.

Brochu, André
   Les matins nus, le vent, poésie, 1989.
   L'inconcevable, poésie, 1998.

Brossard, Nicole
   La nuit verte du parc Labyrinthe, fiction, 1992.
   La nuit verte du parc Labyrinthe (français, anglais, espagnol), fiction, 1992.

Calle-Gruber, Mireille
   Midis – Scènes aux bords de l'oubli, récit, 2000.

Campeau, Sylvain
   Chambres obscures. Photographie et installation, essais, 1995.
   La pesanteur des âmes, poésie, 1995.

Causse, Michèle
   (—) [parenthèses], fiction, 1987.
   À quelle heure est la levée dans le désert?, théâtre, 1989.
   L'interloquée..., essais, 1991.
   Voyages de la Grande Naine en Androssie, fable, 1993.

Chevrette, Christiane
   Pain d'Épices au Royaume de la Voyellerie, roman jeunesse, 2001.

Choinière, Maryse
   Dans le château de Barbe-Bleue, nouvelles, 1993.
   Histoires de regards à lire les yeux fermés, nouvelles et photographies, 1996.
   Le bruit de la mouche, roman, 2000.

Cixous, Hélène
   La bataille d'Arcachon, conte, 1986.

Collectifs
   La passion du jeu, livre-théâtre, ill., 1989.
   Perdre de vue, essais sur la photographie, ill., 1990.
   Linked Alive (anglais), poésie, 1990.
   Liens (trad. de Linked Alive), poésie, 1990.
   Tombeau de René Payant, essais en histoire de l'art, ill., 1991.
   Manifeste d'écrivaines pour le 21ᵉ siècle, essai, 1999.

Coppens, Patrick
   Lazare, poésie, avec des gravures de Roland Giguère, 1992.

Côté, Jean-René
   Redécouvrir l'Humain — Une manière nouvelle de se regarder, essai,
   1994.

Daoust, Jean-Paul
   Du dandysme, poésie, 1991.

de Fontenay, Hervé
   silencieuses empreintes, poésie, 2000.

Deland, Monique
   Géants dans l'île, poésie, 1994, réédition 1999.

Delcourt, Denyse
   Gabrielle au bois dormant, roman, 2001.

Deschênes, Louise
   Une femme effacée, roman, 1999.

DesRochers, Clémence
   J'haï écrire, monologues et dessins, 1986.

Doyon, Carol
   Les histoires générales de l'art. Quelle histoire!, préface de Nicole
   Dubreuil-Blondin, essai, 1991.

Dugas, Germaine
   germaine dugas chante..., chansons, ill., 1991.

Duval, Jean
Les sentiments premiers, poésie, 1998.

Fortaich, Alain
La Rue Rose, récits, 1997.
Momento Mori, roman poétique, 2000.

Fournier, Danielle
Ne me dis plus jamais qui je suis, poésie, 2000.

Fournier, Louise
Les départs souverains, poésie, 1996.

Fournier, Roger
La danse éternelle, roman, 1991.

Gagnon, Madeleine
L'instance orpheline, poésie, 1991.

Gaucher-Rosenberger, Georgette
Océan, reprends-moi, poésie, 1987.

Giguère, Diane
Un Dieu fantôme, triptyque, 2001.

Hyvrard, Jeanne
Ton nom de végétal, essai-fiction, 1998.

Lacasse, Lise
La corde au ventre, roman, 1990.
Instants de vérité, nouvelles, 1991.
Avant d'oublier, roman, 1992.

Lachaine, France
La Vierge au serin ou l'intention de plénitude, roman, 1995.

Laframboise, Alain
Le magasin monumental, essai sur Serge Murphy, bilingue, ill., 1992.

Laframboise, Philippe
Billets et pensées du soir, poésie, 1992.

Latif-Ghattas, Mona
  Quarante voiles pour un exil, poésie, 1986.
  Les cantates du deuil éclairé, poésie, 1998.
  Nicolas le fils du Nil, roman poétique, 1999, nouvelle édition
  augmentée.

Lorde, Audre
  Journal du Cancer suivi de *Un souffle de lumière*, récits, en coédition
  avec les Éditions Mamamélis, Genève, 1998.
  Zami: une nouvelle façon d'écrire mon nom, biomythographie, en
  coédition avec les Éditions Mamamélis, Genève, 1998.

Martin, André
  Chroniques de L'Express — natures mortes, récits photographiques,
  1997.

Mavrikakis, Catherine
  Deuils cannibales et mélancoliques, roman, 2000.

Meigs, Mary
  Femmes dans un paysage, Réflexions sur le tournage de The Company
  of Strangers, traduit de l'anglais par Marie José Thériault, 1995.

Merlin, Hélène
  L'ordalie, roman, 1992.

Michelut, Dôre
  Ouroboros (anglais), fiction, 1990.
  A Furlan harvest: an anthology (anglais, italien), poésie, 1994.
  Loyale à la chasse, poésie, 1994.

Miron, Isabelle
  Passée sous silence, poésie, 1996.

Mongeau, France
  La danse de Julia, poésie, 1996.

Moreau, Manon
  Faim, récit poétique, 2000.

Morisset, Micheline
Les mots pour séduire ou «Si vous dites quoi que ce soit maintenant, je le croirai», essais et nouvelles, 1997.
États de manque, nouvelles, 2000.

Ouellet, Martin
Mourir en rond, poésie, 1999.
Babel Rage, poésie, 2001.

Payant, René
Vedute, essais sur l'art, préface de Louis Marin, 1987, réimp. 1992.

Pellerin, Maryse
Les petites surfaces dures, roman, 1995.

Pende, Ata
Les raisons de la honte, récit, 1999.
L'équilibre précaire des choses, roman, 2001.

Prévost, Francine
L'éternité rouge, fiction, 1993.

Rancourt, Jacques
la nuit des millepertuis, poésie, coédition, 2002.

Richard, Christine
L'eau des oiseaux, poésie, 1997.
Les algues sanguine, poésie, 2000.

Robert, Dominique
Jeux et portraits, poésie, 1989.

Rousseau, Paul
Copiés/Collés, poésie, 2000.

Rule, Jane
Déserts du cœur, roman, 1993, réédition 1998.
L'aide-mémoire, roman, 1998.

Savard, Marie
Bien à moi/Mine sincerly, théâtre, traduction anglaise et postface de
Louise Forsyth, 1998.

Sedghi, Nazila
Dans l'ombre des platanes, récits, 2001.

Sénéchal, Xavière
Vertiges, roman, 1994.

stephens, nathalie
Colette m'entends-tu?, poésie, 1997.
Underground, fiction, 1999.
l'embrasure, poésie, 2002.

Sylvestre, Anne
anne sylvestre... une sorcière comme les autres, chansons, ill., 1993.

Tétreau, François
Attentats à la pudeur, roman, 1993.

Théoret, France et Francine Simonin
La fiction de l'ange, poésie, gravures, 1992.

Tremblay, Larry
La place des yeux, poésie, 1989.

Tremblay, Sylvie
sylvie tremblay... un fil de lumière, chansons, ill., 1992.

Tremblay-Matte, Cécile
La chanson écrite au féminin — de Madeleine de Verchères à Mitsou,
essai, ill., 1990.

Tremblay-Matte, Cécile et Sylvain Rivard
Archéologie sonore (Chants amérindiens), essai, ill., 2001.

Varin, Claire
Clarice Lispector — Rencontres brésiliennes, entretiens, 1987.
Langues de feu, essai sur Clarice Lispector, 1990.
Profession: Indien, récit, 1996.
Clair-obscur à Rio, roman, 1998.
Désert désir, roman, 2001.

Verthuy, Maïr
Fenêtre sur cour: voyage dans l'œuvre romanesque d'Hélène Parmelin, essai, 1992.

Warren, Louise
Interroger l'intensité, essais, 1999.

Živković, Radmila
De la poussière plein les yeux, nouvelles, 2001.

Zumthor, Paul
Stèles suivi de *Avents*, poésie, 1986.

Achevé d'imprimer
sur les presses de
MédiaPresse Inc.
Joliette QC
premier trimestre 2002